DU RETOUR

DES PEUPLES

A LEURS

NATIONALITÉS NATURELLES.

PARIS. — IMPRIMERIE ET FONDERIE DE G. DOYEN,
RUE SAINT-JACQUES N. 38.

DU RETOUR

DES PEUPLES

A LEURS

NATIONALITÉS NATURELLES

ET DE LA POLITIQUE

QUI SEMBLE CONVENIR LE MIEUX A LA FRANCE

DANS LES CIRCONSTANCES PRÉSENTES;

PAR

Un ancien agent diplomatique.

PARIS

A. BOULLAND, LIBRAIRIE CENTRALE,

PALAIS-ROYAL, GALERIE D'ORLÉANS, N. I.

M DCCC XXXI.

DU RETOUR

DES PEUPLES

A LEURS

NATIONALITÉS NATURELLES

ET DE LA POLITIQUE

QUI SEMBLE CONVENIR LE MIEUX A LA FRANCE

DANS LES CIRCONSTANCES PRÉSENTES.

———

Les grandes questions de l'équilibre des puissances vont renaître au milieu des révolutions. Le partage de la Pologne détruisit avec cet équilibre les garanties de sécurité qui en résultaient pour tous. Les conquêtes de la république Française, qu'elle eut le bon esprit de restreindre à la frontière du Rhin et à celle des Alpes, le rétablirent. Celles de Napoléon l'anéantirent de nouveau; car il imita trop souvent les co-partageans par ses réunions en pleine paix. Le congrès de Vienne, opérant une réaction contre la France, fit une œuvre aussi imprudente que fragile; et, au lieu de rétablir l'ordre et l'harmonie dans le corps européen, il mêla tous les élémens contraires et ne produisit qu'un chaos dont les peuples tendent de toutes parts à sortir. Enveloppés dans des ténèbres visibles où tout se heurte sans se rapprocher et se confond sans s'unir, ils font effort vers la lumière et vers la véritable paix qui ne se trouve que dans les situations naturelles.

La Belgique a déjà ressaisi ses droits de nationalité. La Pologne combat pour reprendre les siens. Bientôt peut-être nous verrons Venise et Gênes se souvenir de leur ancienne existence et réclamer un divorce éclatant. La France sera tour à tour appelée ou comme appui ou comme arbitre ; il faut donc qu'elle se prépare à prendre part dans ces débats ou à les juger selon les règles immuables que la nature des choses oppose éternellement aux convenances mobiles et souvent iniques de la politique moderne. La discussion de ces grands intérêts doit être présidée par le plus désintéressé des peuples contre les morceleurs du genre humain. La cause de tous est la sienne. Il le comprit bien ce peuple, qui presque toujours vaut mieux que son gouvernement, lorsqu'il entraîna par la force de sa sympathie un ministère illibéral à prendre parti pour la Grèce. Il le comprend encore, car il voit que du sort des révolutions belge, helvétique, polonaise, italienne, dépend celui de la révolution française.

Ce n'est plus par des acquisitions qu'il faut rétablir l'équilibre européen ; c'est par des restitutions.

La France a fait depuis seize ans toutes les siennes. Que les autres puissances se jugent elles-mêmes. Puissent-elles, s'il leur reste quelque prévoyance, prévenir les jugemens plus sévères que prononceraient l'insurrection et la guerre!

Les nations comme les autres productions de la nature, ont leurs genres et leurs espèces; le mélange produit les monstres.

Les conquêtes de Sésostris soumirent l'Asie au roi d'Égypte et ne confondirent point l'Asiatique avec l'Africain; elles préparèrent au contraire la réaction de l'Asie contre l'Égypte et Cambyse en fut l'exécuteur cruel. Son père put faire passer aux Perses l'empire des Mèdes, mais non amalgamer ces deux peuples rivaux. Les conquêtes d'Alexandre furent encore moins durables; et la réunion de tant de peuples divers sous une même domination ne servit qu'à préparer une séparation éclatante, de sanglantes animosités et de nouvelles circonscriptions politiques. Que gagna Rome à dominer les trois parties du monde, à créer des citoyens qui ne virent jamais leur cité, à donner ses lois et même ses mœurs à des nations subjuguées par ses armes? A peine le christianisme et les barbares du nord paraissent-ils dans le monde que tout ce grand édifice s'écroule, et que chaque débris va reprendre la place que lui avait assignée la nature.

Il en fut de même de l'empire de Charlemagne,

de celui de Charles-Quint, de celui de Napoléon. Il en sera de même de l'œuvre des co-partageans de la Pologne, de celle du congrès de Vienne, de toutes ces conquêtes furtives où l'ambition n'est point ennoblie par le courage, et dont la honte présage la fragilité; car il n'est rien de solide aux yeux des hommes que ce qui honore leur espèce, que ce qui est conforme à la nature des choses.

Rome et Hambourg n'étaient pas plus françaises que Varsovie n'est russe et Venise autrichienne. Il est temps de renoncer à ces fictions qui ne bravent la conscience des peuples que pour l'irriter, et que dissipe tôt ou tard la vérité, devenue réaction-naire et vindicative.

Mais, au lieu de ces mariages forcés de nations si différentes de caractère et de langage, formons avec elles des liens plus naturels et plus durables, ceux de l'alliance des intérêts et des principes : que la véritable égalité des droits forme ces nœuds; que tous les contractans y trouvent une exacte récipro-cité d'avantages, comme autrefois la ligue achéenne, comme de nos jours la ligue suisse; nous serons sûrs alors que ces alliés, bien loin d'être inconstans comme le sont entre eux les rois, seront fidèles au pacte fédératif, et toujours prêts à le défendre pour leur propre sécurité.

La base de notre puissance fédérative est donc dans la similitude des gouvernemens étrangers avec le nôtre, dans l'identité d'intérêts politiques, dans le sentiment d'une commune conservation et dans la nécessité d'un appui réciproque.

Nos alliés naturels seront :

La Belgique, intéressée à s'appuyer sur la France, pour défendre et maintenir une constitution analogue à celle de ce puissant royaume.

La Grèce, si elle est enfin constituée, et si elle échappe à l'influence trop directe de la Russie.

La Pologne, si elle renaît à l'existence nationale et à la liberté publique.

La Suisse, toujours en défiance de l'Autriche; toujours notre amie, malgré nos torts passagers avec elle; toujours aussi libérale que nous, du moins dans quelques cantons.

Dirai-je *l'Angleterre?* Oui, tant qu'elle aura un ministère whig; mais du moment où le système de bascule qui tourmente ce pays aura ramené un ministère tory, nous verrons son gouvernement abandonner notre alliance, désavouer nos principes trop démocratiques, et peut-être même leur chercher des ennemis actifs sur le continent. Les masses populaires seront pour nous en Angleterre jusqu'à l'époque de ces ruptures, qu'on leur fait regarder, à force de fictions, de faits exagérés et de déclamations, comme commandées par leur honneur national et par leurs intérêts commerciaux, tandis qu'elles ne sont nécessaires, en effet, qu'aux intérêts et à la domination d'une aristocratie qui craint nos exemples, et qui veut perpétuer ses priviléges et l'abaissement de la multitude.

On a pu voir dernièrement, pendant les discussions et négociations sur la royauté belge, combien étaient fragiles nos liaisons avec l'Angleterre. Déjà les journaux ministériels publiaient contre nous des manifestes arrogans. Nous étions menacés par eux d'une guerre universelle si nous osions dépasser nos anciennes limites, ou accepter l'offre du congrès. Il n'a fallu rien moins qu'un refus, dicté par l'amour de la paix, pour calmer cette irritation subite de nos nouveaux amis.

Il est donc prudent à la France, quel que soit son gouvernement, de ne compter jamais l'Angleterre au nombre de ses alliés sincères; la divergence des intérêts sera toujours plus forte pour les désunir, que l'identité des principes pour les rapprocher.

Mais nous trouverons encore d'autres alliés naturels sur le continent, et l'avenir nous en prépare. Plusieurs royaumes et principautés d'Allemagne ont quelques rapports avec nous dans leurs principes constitutifs; ils en ont bien plus encore dans l'intérêt de leur conservation. Ils sont menacés sans cesse par les trois colosses qui les environnent et qui ont déjà envahi une partie de leur territoire. La Saxe, réduite à la moitié du sien, à besoin d'un garant contre la tentation de la Prusse à dévorer le reste. La Bavière, qui voit en tremblant l'Autriche, établie sur l'Inn et la Salza, observer sa faiblesse des murs de Salzbourg, ne peut sauver Munich, qu'autant qu'elle retrouvera le puissant protecteur qu'elle eut autrefois, et qu'elle a perdu depuis seize ans.

Sur qui s'appuierait le Wurtemberg et le grand duché de Bade, si, dans une guerre européenne, il prenait envie à un prince autrichien d'envahir ces petits états, et de faire revivre pour sa maison d'anciennes prétentions sur la Souabe? La Russie, qui les protége, n'est pas toujours à portée de les secourir.

La France seule peut garantir ces états allemands de leur destruction, comme peuples distincts, indépendans, et soumis à leurs propres lois. Ils sont donc ses alliés naturels; ils le sont par leur intérêt; ils le sont aussi par le sien, qui est d'avoir entre elle et ses rivaux les plus redoutables des avant-postes bien liés.

La Turquie, malgré la différence extrême de son gouvernement et du nôtre, est aussi notre alliée naturelle; elle l'est, parce qu'elle a les mêmes adversaires que nous; elle l'est, parce que l'envahissement progressif de son territoire par la Russie sera suivi d'envahissemens semblables par l'Autriche, comme équivalens des premiers; elle l'est, parceque les puissances les plus intéressées à borner des agrandissemens si rapides sont la France, la Prusse et l'Angleterre. J'aurais ajouté autrefois la Suède; mais depuis que cette puissance a perdu la Finlande, elle ne peut plus rien protéger ni défendre.

Si *la Prusse*, au lieu d'être attachée à la Russie par une affection personnelle, n'écoutait que son intérêt politique bien entendu, nous la verrions bientôt se ranger aussi parmi nos alliés naturels. Elle y sera amenée par la force des choses; elle aurait dû l'être dès le congrès de Rastadt; elle se fût épargné bien des désastres, et serait depuis long-temps l'une des puissances les plus compactes et les plus indépendantes de l'Europe.

L'Italie commence à relever son drapeau national. Qu'il approche des Alpes et il sera soudain l'allié du nôtre.

L'Espagne et le *Portugal* arriveront plus tard dans ce système; ces états reviendront aux idées libérales, par la raison qu'ils les avaient adoptées. On peut comprimer des affections, imposer silence à des principes; on ne les détruit pas : c'est un germe qui n'attend que sa saison.

Ainsi sera formée la ligue vraiment sainte de l'Europe contre le Nord, de la civilisation progressive contre la barbarie déguisée sous ses habits, et d'autant plus dangereuse qu'elle parle son langage. C'est le monstre d'Horace : il a une tête humaine, mais le reste de son corps énorme est un composé d'animaux malfaisans. Français, vous avez eu le malheur de le voir. Vous avez vu le Cosaque, le Kalmouk, le Kirguis obéir aveuglément à l'officier russe, instruit par des Français dans les arts et la langue de la civilisation. Ces hordes n'en restent pas moins sauvages, et apprennent, comme celles d'Attila, le chemin des monumens qu'il faut détruire, des populations douces qu'on peut exterminer, pour prendre leur place, des climats heureux dont il est attrayant de respirer l'air et de manger les fruits.

L'imprévoyant congrès de Vienne, au lieu de briser le sceptre européen de Napoléon, le remit à Alexandre, oubliant ce que ce prince avait dit de lui-même à une femme illustre, qu'*il n'était qu'un heureux accident*. Aussi depuis cette époque jusqu'en 1830 c'est la Russie qui a régné sur ses imprudens amis. L'habitude de cette dictature s'est manifestée dernièrement avec une présomption dont les congrès qui ont suivi celui de Vienne lui ont donné l'habitude. A la notification de l'avénement de Louis Philippe, le czar ne s'est-il pas cru offensé de ce que nous avions osé, sans son adhésion, défendre nos lois contre un gouvernement qui les détruisait, et nous donner un autre prince? Déjà des injonctions étaient intimées sans doute à la Prusse, à l'Autriche même, à tous les princes d'Allemagne de préparer leurs contingens contre la France; mais l'explosion de notre volcan a remué toute la terre d'Europe, et le dictateur du Nord a senti des secousses qui l'ont obligé de regarder autour de lui, et qui arrêtent son obéissante avant-garde.

Peuples ménacés et peuples menaçans, tâchez de reprendre ce sceptre napoléonien et de le briser. Plus de dictature en Europe, ni française, ni russe. Indépendance à toutes les nations, sécurité pour toutes, alliances fondées sur l'égalité des droits et sur la réciprocité d'avantage. Que le faible jouisse comme le fort de sa nationalité et de sa liberté intérieure; que les principes qui guidèrent le congrès de Westphalie succèdent aux passions qui aveuglèrent celui de Vienne.

Ce n'est point être l'ennemi de la grandeur des monarques, mais c'est être l'ami de leur sécurité que de leur conseiller de rendre à leur indépendance nationale ces peuples violemment agrégés à leur domination. Ces élémens hétérogènes fermenteront tôt ou tard et jetteront le trouble et l'inflammation dans les états primitifs de ces princes imprudens. Le Polonais, qui s'est dejà tant agité sous le triple joug, finira par trouver de la sympathie et de l'assistance autour de lui et jusque chez ses maîtres. L'Italien se souviendra de la gloire qu'il avait acquise dans nos armées et réagira contre l'Autrichien qui l'humilie. Le Génois, vindicatif et patient, trouvera contre le Piémontais le moment de la haine et de l'affranchissement, comme le Belge l'a trouvé contre le Hollandais. Ne serait-t-il pas plus sage de prévenir ces déchiremens par le retour aux nationalités naturelles? Ne serait-il pas plus avantageux aux princes de dénouer eux-mêmes les liens forcés qui leur soumettent des peuples antipathiques et d'y substituer des liaisons réciproquement utiles, telles que les traités d'alliance et de commerce qu'il est si facile de conclure avec les peuples qu'on affranchit?

L'Europe entière venait d'être rejetée dans les idées féodales du douzième siècle, dans les opinions intolérantes du seizième, dans les doctrines despotiques du dix-septième, et la France en particulier dans les dissipations financières du dix-huitième. On nous rendait tous les vices et tous les fléaux à la fois, sans nous rendre ce qui fit la gloire ou la prospérité de ces différens âges. Après avoir asservi la France en 1814, on l'avait forcée d'asservir de même l'Espagne et d'applaudir à la violente répression de ses anciens amis en Italie. La cour de Prusse s'éloignait de plus en plus des promesses de constitution qu'elle avait faites à ses peuples. Le roi des Pays-Bas altérait sensiblement celle de son royaume; et les petits rois d'Allemagne négligaient un système qui tombait tout doucement en désuétude. Toute idée libérale paraissait un germe de sédition; tout ami de la liberté politique et religieuse un carbonari, un athée. Rome ressuscitait les jésuites et les répandait de nouveau sur le monde; on faisait en France, sous leur influence, une loi contre le sacrilége; on y voulait venger Dieu, ou plutôt ses prêtres, par les appareils sanglans des supplices du douzième siècle. On y combattait la philosophie par des mandemens, la tolérance par des missions, l'égalité des droits par des préférences qui devaient devenir bientôt des priviléges, et la liberté politique par des lois qui suspendaient celle des opinions, par des préfets qui restreignaient et chicanaient celle des votes. Bientôt nous n'aurions eu du régime représentatif que son simulacre mensonger, ses charges, ses inconvéniens, tout ce qui pouvait en dégoûter les autres peuples.

D'où pouvait venir une réaction au milieu de ces peuples ou terrifiés ou abusés? On était loin de regarder vers l'Orient; et c'est là pourtant, du sein du plus violent despotisme et de l'esclavage le plus abject, qu'allait renaître la cause des peuples. C'est la Grèce qui, pour la seconde fois, après vingt-cinq siècles, aura l'honneur de donner un exemple que la France a laissé se perdre dans un fleuve de sang bordé de lauriers et de cyprès. Le signal de l'insurrection contre le despotisme est donné des bords du Pruth et du Danube par les Hétéristes, cette jeunesse éclairée qui renouvela le bataillon sacré de Thèbes, et ne fut pas plus heureuse. Il est répété du haut du Pinde par les Kleftes et les Palicares; du sein des mers, par les marins d'Hydra, de Psara, de Spezzia et de Samos; des sommets du Taygète, par les pasteurs de Laconie, et de ceux de l'Ida Crétois, par des montagnards indomptables. Ce signal retentit dans tout l'Orient grec : il effraye l'Asie ottomane, inquiète l'Égypte, et vient charmer la France. C'est dans le pays du 14 juillet qu'il est le mieux compris ; c'est là que l'insurrection grecque trouvera le plus de sympathie ; c'est là surtout qu'elle sera le plus tôt et le mieux imitée. Ce n'est pas que la France fût soumise immédiatement comme la Grèce à une race étrangère ; mais c'est qu'elle l'était à tous les caprices de l'Europe coalisée contre elle en paix comme en guerre ; c'est qu'on l'avait asservie à une influence qui l'humiliait, et que l'humiliation est pour les Français quelque chose de pire que la mort.

La puissance de ces idées de nationalité naturelle, est telle que les monarques les plus absolus de l'Europe furent entraînés par l'opinion, et peut-être par leur propre conscience, à la faire prévaloir.

La France, après avoir aidé la Grèce à reprendre sa nationalité naturelle, a suivi son exemple et reconquis, sans l'aide de personne, sa nationalité politique.

La Belgique a rompu quelques mois après les nœuds forcés qui l'avaient abâtardie.

La Suisse, dépouillée de ses droits démocratiques par une vieille olygarchie exhumée des siècles passés comme celle de France, la Suisse a resssaisi l'arquebuse de Guillaume-Tell, et a convoqué le pouvoir constituant, chargé de lui rendre ses lois primitives.

La Pologne, humiliée aux pieds d'un Césare-witch, a secoué violemment ses chaînes. Les bri-sera-t-elle cette fois? c'est encore un doute pé-nible pour nous.

Modène, fatiguée d'un Tibère subalterne, et la Romagne, d'un régime sacerdotal en opposition avec ses lumières, ont relevé l'étendard de la liberté cispadane ; et le Vésuve, ainsi que l'a dit un orateur, n'est pas le seul volcan qui fume en Italie.

Quoi qu'il arrive de ces premières tentatives, nul pouvoir usurpateur n'échappera long-temps à cet effort des peuples pour rompre des unions adul-tères et pour reconquérir leur nom, leurs mœurs, leur physionomie distinctive, et des lois conformes à leur nature.

Ce sera l'époque d'un nouvel équilibre des puis-sances. Il s'établira de lui-même comme celui des mers, et remplacera les alliances factices des rois absolus, les fausses combinaisons des congrès, les antipathies supposées des peuples.

L'esprit du siècle nous enveloppe comme l'atmo-sphère où nous respirons : il agit sur nous à notre insu ; modifie nos esprits et nos goûts, nos sentimens et nos opinions. Sa secrète puissance entraîne également, et ce qui lui est favorable et ce qui lui est opposé. La résistance est inutile, et ne fait souvent qu'ajouter à la force d'impulsion une nouvelle énergie. Cette puissance occulte et toujours active nous emporte insensiblement, comme la rotation du globe emporte les populations qui le couvrent. Quelques esprits stationnaires ont cru que c'était comme le vaisseau emporte ses passagers, et qu'on pouvait, par l'habileté du pilote et la manœuvre de l'équipage, ou retarder sa course, ou changer sa direction. Ils ont fait une fausse comparaison, et ils en sont dupes avant d'en être victimes. Il y en aura bien d'autres qui le seront; car l'historien, qui raconte les fautes du passé, et l'écrivain politique, qui prévoit celles de l'avenir, ont, en écrivant, la triste certitude que leurs souvenirs et leurs prévisions seront perdus pour la plupart des hommes, et surtout pour ceux qui gouvernent. Ces derniers n'ont plus le temps de lire et ne se souviennent guère de ce qu'ils ont lu dans le calme de la vie privée. On essaiera donc de s'opposer à l'esprit du siècle; on fera des victimes; on finira par l'être soi-même; et quand on survit à ces catastrophes, on s'étonne à loisir de n'avoir pas aperçu ces traits de lumière qui frappaient tous les yeux en dehors du tourbillon où vivent les hommes du pouvoir.

Au moment où nous écrivons l'empereur de

Russie fait marcher ses armées contre les intrépides Polonais (1). Ce prince, en écrasant une troisième fois ce malheureux peuple, croira sans doute avoir vaincu la puissance intellectuelle dont nous parlons : il n'aura fait que la fortifier en multipliant ses martyrs. Ne laissât-il à Varsovie que mille habitans, cette forte conviction se réfugierait au fond de leur conscience et s'y accroîtrait de toute la haine qu'on doit à des exterminateurs.

Ce trop puissant monarque, qui nous traita si lestement à la première nouvelle de notre libération, a cru devoir nous ménager tout-à-coup depuis l'insurrection polonaise. Il nous neutralise adroitement par de vaines formalités diplomatiques, au moment même où il attaque notre cause en Pologne et se dispose à éteindre dans le sang l'enthousiasme qu'elle inspire. Nous nous y sommes laissé prendre comme des enfans. Nos fonds publics ont remonté à cette gracieuse nouvelle des lettres de créance présentées à notre roi par un ambassadeur russe. Nous croyons bonnement être en paix avec son maître, parce qu'il nous accorde une trève pour se frayer un chemin sanglant jusqu'à nous. Gaulois oublieux et confians, nous demeurons spectateurs dans le cirque, tandis que les Sarmates sont livrés aux bêtes, comme si

(1) Ceci était écrit dans la première quinzaine de janvier. L'auteur espérait alors que la France interviendrait auprès des Russes, comme elle était intervenue quelques mois plus tôt auprès de la Prusse.

César ne nous réservait pas à combattre à notre tour dans les arènes. Imprévoyans que nous sommes! ce czar soudainement radouci est le même qui nous menaçait il y a quelques mois. Serait-ce donc être trop défiant que de soupçonner son premier mouvement d'être l'expression de sa véritable pensée? Il nous prend au mot sur le principe de non-intervention que des hommes d'état transitoires ont eu l'imprudence d'adopter sans restriction, parce qu'ils ne croyaient pas qu'on pût l'étendre jusqu'à l'absurde. Mais, s'il écrase aisément la Pologne, nous le verrons bientôt répudier ce principe, nous demander compte des arrangemens de 1814 et 1815, dont son frère Alexandre était garant, et intervenir à la fois en France et en Belgique, pour y rétablir l'œuvre du congrès de Vienne, cette œuvre si humiliante pour nous, si monstrueuse pour les Belges, si avantageuse pour la Russie, et que pourtant elle foulait aux pieds en Pologne.

Si nul esprit tant soit peu pénétrant ne peut douter de ce résultat, si les remparts de Varsovie ne sont plus réellement que les ouvrages extérieurs de Paris, pourquoi aurions-nous l'imprudence de les laisser enlever sans tenter une médiation et d'attendre l'ennemi dans le corps de la place? Jugez de la capitulation qu'il vous proposera d'après celle qu'il a offerte à votre avant-garde.

Français, si vous voulez conserver votre indépendance, si vous voulez garantir celle de la Belgique, de l'Allemagne centrale et méridionale, que dis-je? celle même de l'Autriche et de la Prusse, intervenez franchement dans le grand débat qui commence au Nord de l'Europe et qui atteindra bientôt l'autre extrémité; intervenez avec tout l'ascendant de la raison armée, avec tout l'avantage de la force conduite par la modération. Puisque la France eut le malheur d'être partie contractante au congrès de Vienne, réclamez l'exécution des actes qui donnaient à l'empereur Alexandre un royaume constitutionnel de Pologne, et non une province de plus à réunir à son empire; rappelez à l'Angleterre la résistance qu'opposa sa prévoyance à cet agrandissement du czar, et les assurances qu'on lui prodigua pour l'y faire consentir; rappelez à l'Autriche et à la Prusse la prudente répugnance qu'elles éprouvaient elles-mêmes à se voir ainsi débordées par ce nouvel envahissement du Nord, répugnance qui fut trop aisément vaincue par quelques cessions insignifiantes de territoire; représentez-leur l'affaiblissement relatif qui est résulté pour elles de ce dernier partage, le danger auquel il expose leur indépendance, leur chute si rapidement progressive du premier au second rang des puissances, ou plutôt à l'état de vassalité; représentez-leur qu'il est plus que temps de rétablir le véritable équilibre de l'Europe, et de relever son antique boulevard contre des invasions devenues trop fréquentes et qui fini-

raient par l'engloutir comme le fut autrefois la civilisation romaine ; invitez ces deux cours, pour leur
propre sûreté, et l'Angleterre au nom de son avenir
dans l'Inde et de sa dignité en Europe, à s'unir à la
France pour proposer à la Russie d'examiner en
commun les griefs de la Pologne comme on a fait
pour la Belgique ; qu'ils lui déclarent que la conti-
nuation de la guerre qu'elle fait à ce royaume serait
regardée par les quatre puissances comme une hos-
tilité contre elles.

Si ces puissances refusent leur médiation, si
l'Autriche et la Prusse ont plus d'aversion pour l'alliance d'une monarchie tempérée que pour la
domination tartare, si l'Angleterre se retranche
dans ses embarras intérieurs pour se refuser à un
concours qui pourrait sauver le continent d'une
invasion, alors, Français, devenez seuls encore une
fois les conservateurs de l'indépendance européenne, des droits des peuples, de la dignité de
leurs gouvernemens. Armez-vous de vos principes
et de toute l'ardeur de votre jeunesse, comme dans
la première guerre de la révolution ; ceux qui n'au-
ont pas voulu être vos alliés seront bientôt vos
ennemis ; préparez-vous à leur fermer vos frontières ;
déclarez, comme en 1791, que vous renoncez à l'esprit de conquête, mais non à l'esprit de victoire et
de dignité nationale ; déclarez hautement que la
France veut des limites et l'Europe une barrière ;

qu'après tant de congrès spoliateurs, il en faut un de réparation pour la sûreté de tous et pour une paix durable.

Jamais occasion plus belle, plus noble, plus légitime ne se présentera pour stipuler en faveur des Polonais, pour leur payer le sang qu'ils ont versé dans nos armées, pour devenir les arbitres de l'indépendance européenne et les conservateurs de la civilisation. Que ne l'a t'on saisie deux mois plus tôt!

L'Autriche et la Prusse, dira t'on, auraient, comme la Russie, trop de comptes à rendre, trop de restitutions à faire; elles aimeront mieux la guerre. Il se peut qu'elles soient assez aveuglées par l'égoïsme et l'intérêt du moment pour commettre cette faute; mais un quart de siècle ne se passera pas sans qu'elles n'en aient été victimes. La Russie, pour étendre son joug jusqu'à nous, le fera peser dabord sur ses imprudens voisins. Ne l'ont ils pas senti déjà sans se l'avouer à eux-mêmes? Depuis seize ans, il n'y a plus de proportion entre leur puissance et la sienne. Cette différence va s'accroître avec une effrayante rapidité, si la Pologne est soumise et la France menacée : la dictature du czar va prendre le caractère de celle de Napoléon, avec quelque chose de plus sauvage dans les exigeances de détail. Il faudra marcher aux injonctions d'un hetman de Cosaques comme autrefois à l'invitation d'un aide de camp ou d'un officier d'ordonnance; et l'on pourra voir des feld-maréchaux obéir en rougissant de honte ou de colère à des chefs de baskirs ou de kalmouks.

On ne saurait trop le redire à nos hommes d'état, aux peuples allemands, et même aux rois qui nous paraissent les plus opposés, il n'y a de salut, de dignité, d'indépendance que dans le rétablissement du véritable équilibre de l'Europe; que dans celui des grandes nationalités naturelles; que dans un système fédératif basé, comme autrefois au congrès de Westphalie, sur les équitables rapports de conservation réciproque. Les catholiques et les protestans obtinrent alors des garanties qui se balançaient. Les deux partis du dix-neuvième siècle ne seront tranquilles qu'après en avoir obtenu de semblables.

Dans cette dernière lutte des monarchies absolues contre les monachies tempérées, quiconque attaque une de celles-ci, les attaque toutes. C'est donc une faute qui peut devenir irréparable que de laisser opprimer et périr sans lui porter secours un des membres de notre parti. C'est une aile de l'armée qui laisse écraser l'autre; elle doit s'attendre au même sort; et c'est là, comme on sait, la science des défaites.

Voyez les monarchies absolues, comme elles s'étaient liguées par la sainte alliance pour faire prévaloir en Europe leur principe fondamental: comme elles se soutiennent encore pour le défendre. Imitez-les; que les états constitutionnels, unis par la communauté de vœux et l'identité de principes, s'unissent aussi dans l'intérêt de leur conservation. Que la France et l'Angleterre, la Belgique et la Pologne, la Saxe et la Bavière, la Suisse et les états de Souabe forment aussi une alliance défensive; mais élevons-nous à des idées plus hautes, à des vues plus philosophiques : admettons même dans ce pacte de conservation européenne les gouvernemens absolus qui sentiront la nécessité de cette alliance salutaire. Il est des peuples comme ceux d'Asie, comme celui de Dannemark qui préfèrent ces gouvernemens : nous n'avons pas plus le droit de leur contester cette manière d'exister qu'ils n'ont celui d'attaquer la nôtre. Que chaque nation conserve donc ses principes d'administration intérieure; et si son intérêt national l'appelle dans notre système fédératif, qu'elle y soit admise indépendamment de ses maximes de haute administration, pourvu qu'elle soit fidèle aux engagemens réciproques. Serait-ce donc la première fois qu'on aurait vu des monarchies absolues s'unir avec des peuples libres pour leur intérêt commun? N'a t'on pas vu un cardinal despotique favoriser les protestans d'Allemagne? un roi de France appuyer les insurgés d'Amérique? trois monarques exiger d'un quatrième l'indépendance des Grecs?

La France ne menace aucun gouvernement absolu de ses principes; elle ne le ferait que dans le cas d'une déloyale coalition contre elle, car ses principes sont aussi une arme comme les mines et les bombes ; elle n'offre son appui qu'à ceux qui d'eux-mêmes ont établi chez eux des maximes analogues aux siennes, parce que ceux-là sont ses alliés naturels. Mais dans l'intérêt de l'Europe et de la civilisation, elle s'allie également avec des gouvernemens d'une nature opposée, pourvu qu'il y ait réciprocité d'avantages et sincérité de coopération ; elle s'y allie surtout pour la défense commune contre une ambition étrangère et semi-barbare qui menace toutes les indépendances nationales, toutes les sécurités personnelles, et tous les progrès que font les lumières au profit de la civilisation générale.

Si la Russie se déclare contre nous au printemps, nul doute que l'Autriche et la Prusse ne se laissent entraîner et par la crainte de leur redoutable voisin et par leur antipathie pour nos institutions. Cette coalition ne sera peut-être pas de longue durée ; mais enfin elle subsistera pendant la première campagne. Il faut donc la prévoir, et prendre sans scrupule la position que nos intérêts politiques et militaires exigent. Il faut, aux premières démonstrations hostiles de la Prusse et de l'Autriche, reporter nos doctrines populaires sur le Rhin et en Italie. C'est cette arme que redoutent le plus les gouvernemens absolus, car ils n'ont point la similaire ; et nous sommes contre eux comme était Fernand Cortez avec ses armes à feu contre les flèches des Indiens. Vous voulez donc recommencer la propagande? me dira-t-on. Oui, si l'on recommence la coalition de Pilnitz. Cette arme seule nous a sauvés. Seule elle peut nous sauver encore ; et tout Français sensible à l'honneur en craindra moins les inconvéniens que l'opprobre et les maux de la domination étrangère. Et puis cette propagande, qui sera celle de la monarchie constitutionnelle, peut-elle avoir les mêmes dangers et inspirer les mêmes répugnances ? L'Autriche nous opposera peut-être son duc de Reichstadt : ce fantôme d'un grand homme aura le sort des illusions nocturnes au retour de la lumière. La liberté, dont son père cessa d'être l'apôtre, domine toutes les réputations humaines. Qui voudrait échanger la Charte de nos droits contre un nom qui rappelle leur audacieuse abolition?

Ce grand nom rappelle aussi une faute que nous sommes sur le point de commettre, que nous avons déjà commise peut-être, et dont il est bon de réveiller le souvenir. Lorsqu'au mois de mars 1815, Napoléon revint de l'île d'Elbe, il promit, par sa proclamation du golfe Juan, de rendre aux Français leur liberté. Il n'en fallut pas davantage pour lui faire de la nation même une armée. Arrivé à Paris, on crut qu'il allait profiter de cette ardeur patriotique pour se porter de suite aux bords du Rhin, organiser derrière lui une levée en masse, et la renforcer de nos anciens départemens aussi enthousiastes que nous. Ses partisans sincères, ceux surtout qui avaient vu les premières guerres de la révolution, lui conseillaient cette rapidité. Le public lui-même lui indiquait ce mouvement précipité qui devait devancer nos ennemis. Plusieurs jours de suite, le théâtre Français représenta la tragédie des Horaces, et chaque fois, lorsque Sabine prononçait ce vers :

Allez au bord du Rhin planter vos pavillons.

tous les spectateurs se levaient en agitant leurs chapeaux, et s'écriaient à plusieurs reprises : *Oui, oui, aux bords du Rhin !* Napoléon n'entendit pas ces exclamations ; je ne sais quelle autre influence agissait sur lui. En le voyant prolonger son séjour aux Tuileries, on s'étonnait de la lenteur d'un génie si actif. « Il négocie avec l'Autriche, disaient les uns, l'impératrice et son fils vont revenir. Il fait réparer les vieilles armes, disaient les autres ; il en fait fabriquer de nouvelles. Chaque jour lui en donne quatorze mille. » On oubliait que chaque jour aussi donnait, non quatorze mille fusils, mais quatorze mille soldats à l'ennemi. Fallait-il donc tant d'armes pour occuper la ligne du Rhin? En a-t-il fallu de si bonnes jadis dans la Vendée contre les meilleures troupes de la république, et récemment dans Paris, contre l'élite de l'armée royale? Par malheur nos armuriers ne travaillaient pas seuls : d'autres ouvriers, cent fois plus dangereux que ceux-là n'étaient utiles, forgeaient de nouveaux fers au peuple dont on avait promis de rétablir les droits. Les articles additionnels aux constitutions de l'empire parurent, et dès le lendemain la fièvre belliqueuse et patriotique fit place à une léthargie glacée. Napoléon avait la veille une nation pour le soutenir ; le lendemain il n'eut plus qu'une armée. Waterloo ne lui eût coûté qu'une province ; elle lui coûta un empire. Le peuple abusé, réfroidi, laissa passer de nouveau la restauration sous l'escorte de ses alliés, parce que la restauration revenait avec une Charte plus libérale que les constitutions de l'empire si dérisoirement modifiées.

O vous que les principes de 89, toujours renaissans, ont portés au pouvoir sur les débris de la seconde restauration ; vous qui, depuis six mois, retardez l'entière consécration de ces principes, sans doute par excès de prudence, songez à cet exemple, et ne dédaignez ni les conseils de l'expérience, ni les cris de l'opinion publique.

Allez aux bords du Rhin planter vos pavillons.

Allez-y, si les Russes approchent de l'Oder, les Prussiens de la Belgique et les Autrichiens des Alpes ou de la Romagne : déclarez de là que vous n'ambitionnez aucune conquête, mais que vous voulez que les peuples qui retournent d'eux-mêmes à leurs nationalités naturelles, n'en soient plus empêchés par la force des armes ; que vous prétendez à de justes équivalens pour les accroissemens qu'ont obtenus les grandes puissances depuis le traité de

Campo-Formio jusqu'à celui de Vienne ; que les puissances, en retenant tout ce qu'elles avaient acquis et en dépouillant la France de ses compensations, ont rompu tout équilibre et amené une perturbation européenne qu'il est temps de réparer ; que c'est pour arriver à cette réparation que la France a mis sur le trône une dynastie pénétrée du sentiment de la dignité nationale ; que c'est pour cela qu'elle est armée, et qu'au lieu de s'agrandir à l'exemple de ses rivales, elle demande de préférence que toutes rentrent dans leurs limites naturelles, cessent d'opprimer leurs voisins, respectent les droits des plus faibles comme ceux des plus forts, et rétablissent ainsi le véritable équilibre de l'Europe, seul garant d'une longue paix et de la stabilité des gouvernemens.

Si ces équitables propositions sont adoptées, qu'il sera beau pour la France du dix-neuvième siècle de redevenir la médiatrice de l'Europe comme elle le fut au dix-septième ! Et, nous en attestons la modération d'un roi honnête homme, nous sommes persuadés qu'il se contentera de cette gloire.

Si ces justes vœux sont repoussés par l'imprudence et l'égoïsme des gouvernemens ; si ces gouvernemens font marcher leurs armées pour conserver leurs usurpations, subjuguer les peuples encore libres ou qui le sont redevenus ; alors, Français, plus de ménagemens, plus de scrupules : passez le Rhin, portez votre étendard et vos maximes parmi les peuples ;

et, ligués avec eux, mais ligués pour toujours, rejetez dans le nord le nouveau fléau de Dieu; contenez dans l'est le despotisme sourdement usurpateur; rappellez les états du nord-ouest à leurs véritables intérêts fédératifs, à leur dignité nationale; que ces peuples éclairés deviennent les alliés de la France au lieu d'être les vassaux de la Russie; cultivez en Angleterre la sympathie populaire pour vos principes et les dispositions amicales des successeurs de Canning, sans trop compter sur la durée de leur influence; en un mot formez de l'Europe centrale la ligue des monarchies tempérées; qu'elles se garantissent réciproquement leur indépendance, et que votre pays, ainsi flanqué de peuples alliés, devienne une citadelle commune qu'ils auront tous un égal intérêt à défendre.

Un ex-ministre disait dernièrement, pour justifier le système adopté par le conseil dont il faisait partie, que le dernier règne avait laissé l'armée incomplète, les arsenaux vides, et les places fortes en ruine. Certes une pareille situation commande la prudence et la temporisation dans les temps ordinaires. Il ne faut point s'engager dans une guerre d'armée contre armée quand on a une infériorité numérique et matérielle. Mais en est il de même dans une guerre de révolution où c'est un peuple exalté qu'on oppose à des armées passives? Notre histoire récente nous apprend le contraire. La supériorité numérique est toujours du côté des peuples, et l'on y joint en révolution la supériorité morale qu'acquièrent les hommes passionnés sur ceux qui ne le sont pas. On y ajoute bientôt la supériorité fédérative, quand on appelle sincèrement les autres peuples à la liberté, qu'on leur promet l'indépendance, et qu'on leur tient parole.

Tous vos Français sont-ils également enthousiastes? me dira-t-on. N'avez-vous pas au contraire de nombreux dissidens? Les classes favorisées pendant la restauration peuvent-elles se passionner pour une révolution qui leur enlève cet avantage? Je conviens de nos divisions, elles sont trop évidentes; mais c'est précisément cet état de léthargie nationale qui les fait éclater. La guerre extérieure est une occupation absorbante qui réunirait tous les partis, moins un très-petit nombre, qui n'est ni utile ni à craindre. Placez divers métaux dans un moule à froid; ils ne s'uniront jamais: soumettez-les à l'action du feu; ils se confondront et vous aurez ce beau métal de Corinthe qui se compose de bronze et d'or.

Ce n'est point avec une armée d'ancien régime que l'on défend une révolution; c'est avec un peuple armé; avec des bataillons nouveaux dont de vieux soldats soient les chefs de file; avec de l'enthousiasme pour une législation progressive et pleine de promesses; avec l'amour-propre et les intérêts individuels exaltés par l'horreur de la domination étrangère. Les campagnes de 1792, 93 et 94 l'ont suffisamment prouvé. Ce n'est point en faisant de longs préparatifs, en laissant à l'ennemi le temps d'achever les siens, en entamant de vaines négociations, en se nourrissant de vagues espérances de conciliation, en refroidissant les têtes par des incertitudes, et les cœurs par des alternatives de crainte de guerre et d'espérance de paix, qu'on sauve un nouveau gouvernement qui fait ombrage aux autres : c'est en prévenant ses adversaires; en montrant des masses nationales à des puissances qui n'ont que des corps militaires ; en opposant des peuples à leurs armées ; en n'espérant rien de l'ennemi ; en exaltant les courages ; en prenant l'attitude de la force et en dictant avec autorité des conditions justes et modérées.

La défense d'une révolution doit être comme la révolution même, soudaine, spontanée, impétueuse. Sa consolidation, qui se fait par des traités et par des lois, ne saurait au contraire avoir trop de gravité.

Comment avez-vous conquis si promptement l'Asie? demandait-on au Macédonien. En ne perdant pas un moment, répondit-il. Ses deux émules eurent constamment ce grand mot présent à la mémoire. Pourquoi n'appliquons-nous pas à la conquête de l'indépendance un précepte qui leur fut si utile pour la conquête du pouvoir absolu? L'occasion n'en est-elle pas déjà passée? Un illustre maréchal s'est souvenu, dit-on, de cet exemple : il a, en trois mois, créé une grande armée ; deux mois encore et elle sera capable d'imiter, d'égaler peut-être les prodiges de ses devanciers. Gloire et reconnaissance à l'auteur de cet argument victorieux : il a compris la véritable situation de l'Europe et la seule diplomatie qu'il faille employer avec des ennemis qui ne suspendent leurs coups que pour mieux frapper. Il aura sauvé la patrie aussi réellement que les combattans de juillet ont sauvé les droits nationaux.

Nous résumons cet aperçu rapide de la situation respective de la France et de l'Europe, par ces vœux qui pourraient bien être des nécessités.

Former un accord entre quatre des puissances contractantes à Vienne, pour rappeler à la cinquième les conditions auxquelles on lui céda le grand duché de Varsovie ; interposer leur médiation entre ce royaume et la Russie, jusqu'à ce qu'un congrès européen ait prononcé sur leur différend, considéré dans l'intérêt général.

Proposer aux puissances d'assembler un congrès de réparation et d'équité, où les ministres des plus faibles états seront admis comme ils le furent à celui de Westphalie.

Rétablir le véritable équilibre européen par des restitutions.

Rendre les peuples envahis par un seul, ou partagés par plusieurs, à leur nationalité naturelle.

Permettre aux états indépendans de se donner le régime intérieur et de choisir les alliés qui leur conviendront le mieux ; s'interdire toute intervention dans ces sortes d'affaires. Mais quand un peuple indépendant réclame l'appui des autres contre la violence qu'on lui a faite ou qu'on veut lui faire, intervenir soudain, d'abord par des négociations, ensuite par des démonstrations militaires.

Former en conséquence une ligue des monarchies tempérées contre les attaques de systèmes contraires, soit despotisme, soit démagogie ; une alliance des peuples éclairés contre les invasions du nord et contre l'absolutisme de l'est.

Renouveler ainsi et consolider le système fédératif de l'Europe, créé dans le dix-septième siècle au Congrès de Westphalie et détruit au dix-huitième, par l'alliance monstrueuse de la France et de l'Autriche, par le partage de la Pologne et par l'intervention de la Russie dans les affaires de l'Europe.

Si le système des restitutions n'est point adopté par les autres puissances, redemander ou reprendre les équivalens de la France et la reporter de suite à ses limites des Alpes et du Rhin, sauf à s'arrêter aux confins du nouveau royaume de Belgique, et à remplacer une réunion à la France par une alliance offensive et défensive, qui mette toutes ses forces à notre disposition pour la défense commune.

FIN.

NOTES ET DÉVELOPPEMENS.

PAGE 8.

« Si la Prusse, au lieu d'être attachée à la Russie par une affection personnelle, n'écoutait que son intérêt politique bien entendu, nous la verrions bientôt se ranger aussi parmi nos alliés naturels. Elle y sera amenée par la force des choses; elle aurait dû l'être dès le congrès de Rastadt; elle se fût épargné bien des désastres, et serait depuis long-temps l'une des puissances les plus compactes et les plus indépendantes de l'Europe. »

Frédéric-le-Grand l'avait bien compris lorsqu'il fit un traité d'alliance avec la France, au milieu du dix-huitième siècle. Il offrait de le renouveler en 1756; mais les intrigues de la Pompadour et de Bernis, aidés de l'habileté de Kaunitz et de Staremberg, déterminèrent Louis XV a préférer l'alliance de Marie-Thérèze. On sait combien cette union, qu'on qualifia de monstrueuse dans le parlement d'Angleterre, nous fut fatale. Nous n'avons abbattu la colonne de Rosbach que plus de cinquante ans après son édification.

Notre inconstance mit Frédéric lui-même dans le plus grand

danger : il ne lui fallut rien moins que son génie et la meilleure armée de l'Europe pour éviter sa perte et celle de son royaume : Aussi ses successeurs, dès qu'ils ont vu la France dégagée de ses liaisons avec l'Autriche, se sont-ils empressés de se rapprocher d'elle : le traité de Bâle posa les bases d'une liaison intime et d'un concert qui devait être aussi utile à la France qu'avantageux à la Prusse. Le congrès de Rastadt devait voir éclore cette grande combinaison politique. Le Directoire français avait l'intention d'agrandir, de fortifier la Prusse, de réunir autour d'elle tous les états protestans. Il lui avait déjà confié le maintien de la ligne de neutralité qui comprenait une grande partie de ces états. Elle aurait obtenu aussi de vastes accroissemens de territoire, beaucoup mieux choisis pour s'amalgamer ensemble et ne faire qu'un corps homogène que ceux que lui a donnés le congrès de Vienne. Mais le Directoire ne faisait point connaître assez clairement ses intentions à la Prusse, et cette puissance, incertaine et défiante, ne l'appuya point assez et finit par se détacher presque entièrement de la cause française vers la fin de ce malheureux congrès. Napoléon essaya de revenir à ce système; il fut encore trompé par les tergiversations de la cour de Berlin. Espérons que Louis-Philippe lui inspirera plus de confiance, et que, dans une nouvelle conflagration de l'Europe, la Prusse prendra sa véritable place, celle que ses intérêts, sa sûreté, son avenir, lui indiquaient dès le règne du grand Frédéric.

PAGE 17.

« Il nous prend au mot sur le principe de non intervention, que des hommes d'état transitoires ont eu l'imprudence d'adopter sans restriction, parce qu'ils ne croyaient pas qu'on pût l'étendre jusqu'à l'absurde. »

Entendons-nous une fois pour toutes sur ce principe, que la France réclame encore, que la Prusse a respecté, que la Russie vient de violer si outrageusement , et que déjà, dit-on, l'Autriche répudie.

Qu'il soit donc convenu entre les puissances qu'aucune n'interviendra dans les affaires intérieures des autres ; rien de plus raisonnable, de plus conforme au droit naturel et au droit politique ; et si cette opinion de Fox, d'Erskine et de Grey eût été admise en 1792, l'Angleterre n'aurait pas aujourd'hui une dette de vingt milliards : mais qu'il soit convenu également que si deux ou trois peuples en surprennent un autre en pleine paix, le partagent, l'oppriment, l'humilient et, s'il ose résister, l'exterminent, les amis de ce peuple ne pourront aller à son secours ; qu'ils seront sourds à ses cris, à ses prières, à ses réclamations du droit commun et des lois de l'humanité, de peur d'avoir l'air d'intervenir dans ses affaires ; c'est une cruelle ironie : nous empêcher, au nom d'un principe que nous avons proclamé et qu'on exagère, d'aller au secours d'un peuple ami qui nous invoque, c'est l'atroce dérision de Phalaris contre l'inventeur du taureau d'airain. Craignez d'y être enfermés à votre tour.

Les peuples comme les particuliers ont le droit, pour me servir d'une expression vulgaire, de faire leur ménage à leur manière ; mais ils ont également droit aux secours de leurs semblables contre les dangers extérieurs. La grande individualité d'un peuple, comme celle de l'homme, a besoin de pouvoir agir librement sur elle-même, pourvu que ses mouvemens ne gênent point les individualités semblables. Il est dans la nature de cette individualité collective comme de l'individualité personnelle de suivre les lois de l'état social ; or ces lois sont fondées sur les garanties réciproques et sur l'aide de la force commune protégeant les droits et l'existence de chacun. Qu'était la ligue achéenne, la ligue anséatique, la confédération germanique, et pour étendre plus loin ce principe d'alliance défensive, qu'était l'équilibre de l'Europe établi par les traités de Westphalie? c'était le droit d'intervention de tous pour maintenir l'existence menacée d'un seul ou de plusieurs. S'il n'y a pas d'alliance écrite entre les Français, les Polonais et les Belges, il y en a une formée par la communauté de dangers, de vœux, de sentimens, et qu'ils ont signée cent fois de leur sang sur les champs de bataille; il y a une alliance naturelle entre les hommes en péril et tous ceux qui peuvent l'être à leur tour. Non, il ne faut point se mêler du ménage des autres; mais quand le voisin crie, Au feu, peut-on avoir tort de courir au secours? Si c'est là intervenir, ah! n'hésitons jamais d'être humains et généreux aux dépens d'un principe que nous ne pouvons admettre jusqu'à l'égoïsme et l'insensibilité. Ce n'est pas ainsi que nous l'avons entendu et qu'il a été proclamé. Le ministre des affaires étrangères nous l'a lui-même appris par nn exemple : Nous ne sommes point intervenus dans la révolution belge, afin que la Prusse n'y intervînt pas d'avantage; mais si la Prusse avait passé outre, ce ministre a déclaré que la France à l'instant aurait pris fait et cause. Eh bien! quel nom aurait-on donné à cette action? N'eût-ce pas été intervenir pour sauver la Belgique d'un péril extérieur, sans se mêler pour cela de ses débats intérieurs? Que demande-t-on pour la Pologne? Rien autre chose qu'une semblable déclaration. Mais, objecte-t-on, la Pologne est aux prises avec son propre souverain et c'est lui qui l'attaque pour la soumettre, et qui produit le danger extérieur que vous voudriez éloigner. On se trompe sur la double qualité de l'empereur et roi Nicolas. Le czar de Russie n'a pas plus le droit d'envahir la Pologne que l'empereur d'Autriche n'aurait celui d'envahir la Hongrie à la suite d'une rupture entre lui et la diète de ce royaume. Ces états sont possédés par le même prince à des titres bien différens. Il y a long-temps que la Hongrie n'aurait plus ni droits, ni nationalité, si les empereurs avaient pu armer leurs autres peuples pour soumettre les magnats. Ils ont eu la sagesse de ne pas commettre ce demi-suicide et les troubles de leur royaume ont toujours été calmés par des moyens tirés de sa constitution même.

Voilà ce que devait faire le roi de Pologne pour ne point violer les actes du congrès de Vienne et bouleverser tout le droit public de l'Europe. Comment y pourvoir maintenant? Il est vrai que la France est bien loin de Varsovie; mais sans recommencer les campagnes de Napoléon on peut atteindre l'aigle du Nord, et tôt ou tard lui faire lâcher sa proie et même lui arracher des plumes. Plusieurs nations y sont intéressées, et la France ne ferait qu'exprimer un vœu qui est presque européen. La Russie le sait bien elle-même, et, pour prévenir une réaction inévitable, qui sait si elle n'admettrait pas avec empressement la médiation que nous avons proposée? Sa fierté n'attend peut-être que le premier mot. Hâtons-nous de le prononcer tandis qu'il en est encore temps.

PAGE 52.

« Rétablir le véritable équilibre européen par des restitutions. »

La conférence de Londres a basé son protocole du 19 février sur la nécessité de maintenir l'équilibre de l'Europe. Elle prétend que cet équilibre a été établi par le congrès de Vienne; que tous les actes de ce congrès ont été consentis par les cinq grandes puissances qui le formaient, et que manquer à ces engagemens c'est violer le droit public de l'Europe.

Nul doute que les traités existans ne doivent être exécutés, tant qu'ils ne seront point modifiés par des traités nouveaux ou rompus par la guerre; mais est-ce bien sérieusement qu'une assemblée diplomatique a regardé le consentement de la France comme libre et valable? M. de Talleyrand n'a-t-il pas figuré à ce congrès comme le capitaine d'un gallion figurait au partage des dépouilles de son maître par les anciens flibustiers? Eh! quoi, lorsqu'on enlevait à la France non-seulement toutes ses conquêtes récentes, mais même ses anciennes acquisitions, reconnues à Bâle, à Campo-Formio, à Lunéville, à Amiens; lorsqu'on portait la haine et l'impudeur jusqu'à lui arracher des portions de son ancien territoire continental, des places nécessaires à sa sûreté, des colonies indispensables à son commerce, à sa marine, on ose faire entendre qu'elle a consenti aux actes du congrès de Vienne! Un ministre de Louis XVIII a caractérisé ce consentement dans la Chambre des pairs, quand il a dit que lors de la ratification de ces actes il avait vu couler d'augustes larmes. Ces larmes font honneur à la mémoire de ce prince. Que dirait-on d'un gouvernement constitutionnel qui n'y verrait pas une protestation contre la violence qu'on faisait au signataire? Si Louis XVIII, tout en recevant un trône à ces conditions, se sentait plus Français que reconnaissant, Louis-Philippe, en maintenant la paix au même prix, n'a pas prétendu ratifier la spoliation de Landau, de Sarrelouis, de Philippeville, de l'Ile-de-France, et encore moins désapprouver ces larmes.

Après nous avoir arraché de pareilles concessions, peut-on parler sans ironie de l'équilibre de l'Europe? Cet équilibre fut rompu dès le premier partage de la Pologne, et cette perturbation a entraîné toutes les autres. Y a-t-il équilibre entre les grandes puissances, quand depuis cinquante-huit ans quatre d'entre elles ont augmenté de plus d'un tiers leur état de possession, et que la cinquième a vu diminuer le sien par la perte de plusieurs de ses domaines, soit en Europe, soit dans les deux Indes? Cet équilibre, qu'on pensait avoir si bien pondéré dans le dernier siècle, puisqu'on en réclamait sans cesse le maintien, était donc bien décevant à l'avantage de la France s'il a fallu pour le rétablir au profit de ses rivaux l'envahissement de plusieurs états du second et du troisième ordre en Europe, celui de la Finlande au Nord, celui des provinces turques et persannes autour de la mer Noire et de la Caspienne; la conquête du Mysore, du Cap, de Ceylan, la possession de Malte, malgré le traité qui rendait cette île à son antique neutralité, l'occupation des îles ioniennes par des protecteurs qui du gouvernement prétendu républicain de ces îles ont fait une amère dérision de liberté; l'acquisition d'Héligoland et de tant d'autres îles, également bien choisies pour opprimer au besoin ce qui les entoure. Ministres du congrès de Vienne et de la conférence de Londres, avouez plutôt que votre politique n'est qu'une réaction envieuse et craintive contre les agrandissemens durables de Louis XIV et contre les conquêtes éphémères de la république et de Napoléon, ou si votre réserve diplomatique ne vous permet pas de pareils aveux, du moins gardez un silence prudent, et ne parlez plus ni du maintien d'un équilibre rompu depuis si long-temps par l'ambition de vos souverains, ni du consentement volontaire de la France à son démembrement. C'est nous traiter avec trop de mépris que de nous faire sanctionner les actes de notre humiliation.

Ces traités léonins, que nous exécuterons jusqu'à ce qu'ils soient légitimement abrogés ou modifiés, ont été violés par celle des cinq puissances qu'ils avaient le plus favorisée. La Russie avait de fait asservi la Pologne, au lieu d'en faire un royaume indépendant, comme elle l'avait promis. L'Angleterre, la Prusse et l'Autriche, qui lui avaient imposé cette condition, auraient dû se réunir à la France pour empêcher le choc sanglant qui vient d'avoir lieu sous les murs de Varsovie, et dont le contre-coup se fera sentir fort loin. Elles n'ont osé réclamer les traités de Rosbach et de Tœplitz, ni les engagemens contractés à Vienne envers elles-mêmes. Cette crainte est le premier signe de l'asservissement des deux puissances continentales, et le symptôme de je ne sais quelle faiblesse de la grande puissance maritime, qui craint plus apparemment l'interruption momentanée de son commerce de la Baltique et de la mer noire que l'envahissement de l'Europe centrale. Il faut donc que la France leur donne encore l'exemple et le signal. Espérons qu'en effet ils seront donnés et compris.

DES NOTES.